MODERN FARMHOUSE
RECORD BOOK

NAME _____

SCHOOL _____

GRADE/SUBJECT _____

ROOM _____

SCHOOL YEAR _____

SCHOOL ADDRESS _____

SCHOOL PHONE _____

CONTENTS

HOW TO USE THE RECORD BOOK	2
MONTHLY REMINDERS	3
STUDENT ROSTER	4
WEEKLY RECORDS	6
GRADING CHART	64

Teacher Created Resources
12621 Western Avenue
Garden Grove, CA 92841
www.teachercreated.com
ISBN: 978-1-4206-8316-5
©2021 Teacher Created Resources
Reprinted, 2022
Made in U.S.A.

Editor in Chief: Karen Goldfluss, M.S. Ed.
Creative Director: Sarah M. Fournier
Cover Design: Denise Bauer
Imaging: Diem Pascarella
Publisher: Mary D. Smith, M.S. Ed.

The classroom teacher may reproduce the materials in this book for use in a single classroom only. The reproduction of any part of this book for other classrooms or for an entire school or school system is strictly prohibited. No part of this publication may be transmitted or recorded in any form without written permission from the publisher with the exception of electronic material, which may be stored on the purchaser's computer only.

HOW TO USE THE RECORD BOOK

MONTHLY REMINDERS (page 3)

Use this chart as a quick reference. Record significant events, meetings, appointments, conferences, seminars, etc.

STUDENT ROSTER (pages 4–5)

Record both student and parent or guardian names and addresses. Where applicable, make a special note of differences in last names. You may wish to list siblings and their grades if they attend the same school. Notes may include information regarding special needs children and any medications necessary.

WEEKLY RECORDS (pages 6–63)

The weekly record section is designed to provide organized space for recording daily notations or grades for assignments, tests, attendance, tardies, participation, etc. Each page contains a five-week block of spaces so that a student's record for an entire quarter of ten weeks can be read on facing pages. Summary columns for recording total attendance, tardies, and other information appear on the right-hand facing page for each ten-week period.

GRADING CHART (page 64)

A convenient chart for scoring students' work is provided at the back of this book. Use the chart as a quick reference when scoring 3 to 50 items of equal value. To use the chart, simply "connect" the row that matches the total number of items to be scored with the column indicating the number of incorrect items.

By following across the row and up the column to the intersection point (number), you can determine the raw score. For example, if the total number of items on a given test is 35, and a student marked 5 incorrectly, his or her score would be 86%. The score is obtained by moving across row 35 and up column 5 to the point where they meet (86%).

MONTHLY REMINDERS

DATE	JULY	DATE	AUGUST

	SEPTEMBER		OCTOBER
DATE			

DATE	NOVEMBER	DATE	DECEMBER

	JANUARY		FEBRUARY
DATE		DATE	

DATE	MARCH	DATE	APRIL

	MAY		JUNE
DATE		DATE	

STUDENT ROSTER

	STUDENT	PARENT/GUARDIAN	ADDRESS
1.			
2.			
3.			
4.			
5.			
6.			
7.			
8.			
9.			
10.			
11.			
12.			
13.			
14.			
15.			
16.			
17.			
18.			
19.			
20.			
21.			
22.			
23.			
24.			
25.			
26.			
27.			
28.			
29.			
30.			
31.			
32.			
33.			
34.			
35.			
36.			

STUDENT ROSTER

WORK & HOME PHONE	SIBLINGS	NOTES

STUDENT ROSTER

SUBJECT		WEEK					WEEK					WEEK					WEEK					WEEK				
TIME/PERIOD	ASSIGNMENTS																									
	DAY	M	T	W	T	F	M	T	W	T	F	M	T	W	T	F	M	T	W	T	F	M	T	W	T	F
NAME	DATE																									
	1																									
	2																									
	3																									
	4																									
	5																									
	6																									
	7																									
	8																									
	9																									
	10																									
	11																									
	12																									
	13																									
	14																									
	15																									
	16																									
	17																									
	18																									
	19																									
	20																									
	21																									
	22																									
	23																									
	24																									
	25																									
	26																									
	27																									
	28																									
	29																									
	30																									
	31																									
	32																									
	33																									
	34																									
	35																									
	36	WEEK					WEEK					WEEK					WEEK					WEEK				

#8316 Record Book

©Teacher Created Resources

WEEK					WEEK					WEEK					WEEK					WEEK						DAYS PRESENT	DAYS ABSENT	TARDIES		
M	T	W	T	F	M	T	W	T	F	M	T	W	T	F	M	T	W	T	F	M	T	W	T	F	1					
																									2					
																									3					
																									4					
																									5					
																									6					
																									7					
																									8					
																									9					
																									10					
																									11					
																									12					
																									13					
																									14					
																									15					
																									16					
																									17					
																									18					
																									19					
																									20					
																									21					
																									22					
																									23					
																									24					
																									25					
																									26					
																									27					
																									28					
																									29					
																									30					
																									31					
																									32					
																									33					
																									34					
																									35					
																									36					

©Teacher Created Resources #8316 Record Book

SUBJECT		ASSIGNMENTS	WEEK					WEEK					WEEK					WEEK					WEEK				
TIME/PERIOD																											
	DAY		M	T	W	T	F	M	T	W	T	F	M	T	W	T	F	M	T	W	T	F	M	T	W	T	F
NAME	DATE																											
	1																											
	2																											
	3																											
	4																											
	5																											
	6																											
	7																											
	8																											
	9																											
	10																											
	11																											
	12																											
	13																											
	14																											
	15																											
	16																											
	17																											
	18																											
	19																											
	20																											
	21																											
	22																											
	23																											
	24																											
	25																											
	26																											
	27																											
	28																											
	29																											
	30																											
	31																											
	32																											
	33																											
	34																											
	35																											
	36																											

#8316 Record Book ©Teacher Created Resources

WEEK					WEEK					WEEK					WEEK					WEEK					DAYS PRESENT	DAYS ABSENT	TARDIES		
M	T	W	T	F	M	T	W	T	F	M	T	W	T	F	M	T	W	T	F	M	T	W	T	F					

Row numbers 1–36 follow.

SUBJECT																										
TIME/PERIOD																										

ASSIGNMENTS

NAME	DAY DATE	WEEK					WEEK					WEEK					WEEK					WEEK				
		M	T	W	T	F	M	T	W	T	F	M	T	W	T	F	M	T	W	T	F	M	T	W	T	F
	1																									
	2																									
	3																									
	4																									
	5																									
	6																									
	7																									
	8																									
	9																									
	10																									
	11																									
	12																									
	13																									
	14																									
	15																									
	16																									
	17																									
	18																									
	19																									
	20																									
	21																									
	22																									
	23																									
	24																									
	25																									
	26																									
	27																									
	28																									
	29																									
	30																									
	31																									
	32																									
	33																									
	34																									
	35																									
	36																									

WEEK					WEEK					WEEK					WEEK					WEEK						DAYS PRESENT	DAYS ABSENT	TARDIES		
M	T	W	T	F	M	T	W	T	F	M	T	W	T	F	M	T	W	T	F	M	T	W	T	F						
																									1					
																									2					
																									3					
																									4					
																									5					
																									6					
																									7					
																									8					
																									9					
																									10					
																									11					
																									12					
																									13					
																									14					
																									15					
																									16					
																									17					
																									18					
																									19					
																									20					
																									21					
																									22					
																									23					
																									24					
																									25					
																									26					
																									27					
																									28					
																									29					
																									30					
																									31					
																									32					
																									33					
																									34					
																									35					
																									36					

SUBJECT			WEEK					WEEK					WEEK					WEEK					WEEK				
TIME/PERIOD		ASSIGNMENTS																									
	DAY		M	T	W	T	F	M	T	W	T	F	M	T	W	T	F	M	T	W	T	F	M	T	W	T	F
NAME	DATE																											
	1																											
	2																											
	3																											
	4																											
	5																											
	6																											
	7																											
	8																											
	9																											
	10																											
	11																											
	12																											
	13																											
	14																											
	15																											
	16																											
	17																											
	18																											
	19																											
	20																											
	21																											
	22																											
	23																											
	24																											
	25																											
	26																											
	27																											
	28																											
	29																											
	30																											
	31																											
	32																											
	33																											
	34																											
	35																											
	36																											

#8316 Record Book ©Teacher Created Resources

WEEK					WEEK					WEEK					WEEK					WEEK						DAYS PRESENT	DAYS ABSENT	TARDIES			
M	T	W	T	F	M	T	W	T	F	M	T	W	T	F	M	T	W	T	F	M	T	W	T	F							
																									1						
																									2						
																									3						
																									4						
																									5						
																									6						
																									7						
																									8						
																									9						
																									10						
																									11						
																									12						
																									13						
																									14						
																									15						
																									16						
																									17						
																									18						
																									19						
																									20						
																									21						
																									22						
																									23						
																									24						
																									25						
																									26						
																									27						
																									28						
																									29						
																									30						
																									31						
																									32						
																									33						
																									34						
																									35						
																									36						

©Teacher Created Resources   #8316 Record Book

SUBJECT			WEEK				WEEK				WEEK				WEEK				WEEK			
TIME/PERIOD	ASSIGNMENTS																					
		DAY	M	T	W	T	F	M	T	W	T	F	M	T	W	T	F	M	T	W	T	F	M	T	W	T	F
NAME		DATE																					
		1																					
		2																					
		3																					
		4																					
		5																					
		6																					
		7																					
		8																					
		9																					
		10																					
		11																					
		12																					
		13																					
		14																					
		15																					
		16																					
		17																					
		18																					
		19																					
		20																					
		21																					
		22																					
		23																					
		24																					
		25																					
		26																					
		27																					
		28																					
		29																					
		30																					
		31																					
		32																					
		33																					
		34																					
		35																					
		36																					

WEEK					WEEK					WEEK					WEEK					WEEK					DAYS PRESENT	DAYS ABSENT	TARDIES		
M	T	W	T	F	M	T	W	T	F	M	T	W	T	F	M	T	W	T	F	M	T	W	T	F					
																									1				
																									2				
																									3				
																									4				
																									5				
																									6				
																									7				
																									8				
																									9				
																									10				
																									11				
																									12				
																									13				
																									14				
																									15				
																									16				
																									17				
																									18				
																									19				
																									20				
																									21				
																									22				
																									23				
																									24				
																									25				
																									26				
																									27				
																									28				
																									29				
																									30				
																									31				
																									32				
																									33				
																									34				
																									35				
																									36				

©Teacher Created Resources #8316 Record Book

SUBJECT		WEEK					WEEK					WEEK					WEEK					WEEK				
TIME/PERIOD	ASSIGNMENTS																									
NAME	DAY / DATE	M	T	W	T	F	M	T	W	T	F	M	T	W	T	F	M	T	W	T	F	M	T	W	T	F
	1																									
	2																									
	3																									
	4																									
	5																									
	6																									
	7																									
	8																									
	9																									
	10																									
	11																									
	12																									
	13																									
	14																									
	15																									
	16																									
	17																									
	18																									
	19																									
	20																									
	21																									
	22																									
	23																									
	24																									
	25																									
	26																									
	27																									
	28																									
	29																									
	30																									
	31																									
	32																									
	33																									
	34																									
	35																									
	36																									

#8316 Record Book   ©Teacher Created Resources

WEEK					WEEK					WEEK					WEEK					WEEK						DAYS PRESENT	DAYS ABSENT	TARDIES			
M	T	W	T	F	M	T	W	T	F	M	T	W	T	F	M	T	W	T	F	M	T	W	T	F							
																									1						
																									2						
																									3						
																									4						
																									5						
																									6						
																									7						
																									8						
																									9						
																									10						
																									11						
																									12						
																									13						
																									14						
																									15						
																									16						
																									17						
																									18						
																									19						
																									20						
																									21						
																									22						
																									23						
																									24						
																									25						
																									26						
																									27						
																									28						
																									29						
																									30						
																									31						
																									32						
																									33						
																									34						
																									35						
																									36						

©Teacher Created Resources

SUBJECT			WEEK					WEEK					WEEK					WEEK					WEEK				
TIME/PERIOD		ASSIGNMENTS																									
NAME	DAY		M	T	W	T	F	M	T	W	T	F	M	T	W	T	F	M	T	W	T	F	M	T	W	T	F
	DATE																											
	1																											
	2																											
	3																											
	4																											
	5																											
	6																											
	7																											
	8																											
	9																											
	10																											
	11																											
	12																											
	13																											
	14																											
	15																											
	16																											
	17																											
	18																											
	19																											
	20																											
	21																											
	22																											
	23																											
	24																											
	25																											
	26																											
	27																											
	28																											
	29																											
	30																											
	31																											
	32																											
	33																											
	34																											
	35																											
	36																											

WEEK					WEEK					WEEK					WEEK					WEEK						DAYS PRESENT	DAYS ABSENT	TARDIES		
M	T	W	T	F	M	T	W	T	F	M	T	W	T	F	M	T	W	T	F	M	T	W	T	F						
																									1					
																									2					
																									3					
																									4					
																									5					
																									6					
																									7					
																									8					
																									9					
																									10					
																									11					
																									12					
																									13					
																									14					
																									15					
																									16					
																									17					
																									18					
																									19					
																									20					
																									21					
																									22					
																									23					
																									24					
																									25					
																									26					
																									27					
																									28					
																									29					
																									30					
																									31					
																									32					
																									33					
																									34					
																									35					
																									36					

©Teacher Created Resources #8316 Record Book

SUBJECT		WEEK					WEEK					WEEK					WEEK					WEEK				
TIME/PERIOD	ASSIGNMENTS																									
		DAY	M	T	W	T	F	M	T	W	T	F	M	T	W	T	F	M	T	W	T	F	M	T	W	T	F
NAME	DATE																										
	1																										
	2																										
	3																										
	4																										
	5																										
	6																										
	7																										
	8																										
	9																										
	10																										
	11																										
	12																										
	13																										
	14																										
	15																										
	16																										
	17																										
	18																										
	19																										
	20																										
	21																										
	22																										
	23																										
	24																										
	25																										
	26																										
	27																										
	28																										
	29																										
	30																										
	31																										
	32																										
	33																										
	34																										
	35																										
	36						WEEK					WEEK					WEEK					WEEK					

#8316 Record Book   ©Teacher Created Resources

WEEK					WEEK					WEEK					WEEK					WEEK						DAYS PRESENT	DAYS ABSENT	TARDIES		
M	T	W	T	F	M	T	W	T	F	M	T	W	T	F	M	T	W	T	F	M	T	W	T	F						
																									1					
																									2					
																									3					
																									4					
																									5					
																									6					
																									7					
																									8					
																									9					
																									10					
																									11					
																									12					
																									13					
																									14					
																									15					
																									16					
																									17					
																									18					
																									19					
																									20					
																									21					
																									22					
																									23					
																									24					
																									25					
																									26					
																									27					
																									28					
																									29					
																									30					
																									31					
																									32					
																									33					
																									34					
																									35					
																									36					

©Teacher Created Resources   #8316 Record Book

SUBJECT		WEEK					WEEK					WEEK					WEEK					WEEK				
TIME/PERIOD	ASSIGNMENTS																									
NAME	DAY / DATE	M	T	W	T	F	M	T	W	T	F	M	T	W	T	F	M	T	W	T	F	M	T	W	T	F
	1																									
	2																									
	3																									
	4																									
	5																									
	6																									
	7																									
	8																									
	9																									
	10																									
	11																									
	12																									
	13																									
	14																									
	15																									
	16																									
	17																									
	18																									
	19																									
	20																									
	21																									
	22																									
	23																									
	24																									
	25																									
	26																									
	27																									
	28																									
	29																									
	30																									
	31																									
	32																									
	33																									
	34																									
	35																									
	36																									

#8316 Record Book ©Teacher Created Resources

WEEK					WEEK					WEEK					WEEK					WEEK						DAYS PRESENT	DAYS ABSENT	TARDIES		
M	T	W	T	F	M	T	W	T	F	M	T	W	T	F	M	T	W	T	F	M	T	W	T	F	1					
																									2					
																									3					
																									4					
																									5					
																									6					
																									7					
																									8					
																									9					
																									10					
																									11					
																									12					
																									13					
																									14					
																									15					
																									16					
																									17					
																									18					
																									19					
																									20					
																									21					
																									22					
																									23					
																									24					
																									25					
																									26					
																									27					
																									28					
																									29					
																									30					
																									31					
																									32					
																									33					
																									34					
																									35					
																									36					

©Teacher Created Resources

SUBJECT	ASSIGNMENTS	WEEK					WEEK					WEEK					WEEK					WEEK				
TIME/PERIOD	DAY	M	T	W	T	F	M	T	W	T	F	M	T	W	T	F	M	T	W	T	F	M	T	W	T	F
NAME	DATE																									
	1																									
	2																									
	3																									
	4																									
	5																									
	6																									
	7																									
	8																									
	9																									
	10																									
	11																									
	12																									
	13																									
	14																									
	15																									
	16																									
	17																									
	18																									
	19																									
	20																									
	21																									
	22																									
	23																									
	24																									
	25																									
	26																									
	27																									
	28																									
	29																									
	30																									
	31																									
	32																									
	33																									
	34																									
	35																									
	36																									

#8316 Record Book ©Teacher Created Resources

WEEK					WEEK					WEEK					WEEK					WEEK						DAYS PRESENT	DAYS ABSENT	TARDIES		
M	T	W	T	F	M	T	W	T	F	M	T	W	T	F	M	T	W	T	F	M	T	W	T	F						
																									1					
																									2					
																									3					
																									4					
																									5					
																									6					
																									7					
																									8					
																									9					
																									10					
																									11					
																									12					
																									13					
																									14					
																									15					
																									16					
																									17					
																									18					
																									19					
																									20					
																									21					
																									22					
																									23					
																									24					
																									25					
																									26					
																									27					
																									28					
																									29					
																									30					
																									31					
																									32					
																									33					
																									34					
																									35					
																									36					

©Teacher Created Resources #8316 Record Book

SUBJECT		ASSIGNMENTS	WEEK				WEEK				WEEK				WEEK				WEEK			
TIME/PERIOD																						
NAME	DAY DATE		M T W T F				M T W T F				M T W T F				M T W T F				M T W T F			
	1																					
	2																					
	3																					
	4																					
	5																					
	6																					
	7																					
	8																					
	9																					
	10																					
	11																					
	12																					
	13																					
	14																					
	15																					
	16																					
	17																					
	18																					
	19																					
	20																					
	21																					
	22																					
	23																					
	24																					
	25																					
	26																					
	27																					
	28																					
	29																					
	30																					
	31																					
	32																					
	33																					
	34																					
	35																					
	36																					

#8316 Record Book

WEEK					WEEK					WEEK					WEEK					WEEK					DAYS PRESENT	DAYS ABSENT	TARDIES
M	T	W	T	F	M	T	W	T	F	M	T	W	T	F	M	T	W	T	F	M	T	W	T	F			
1																											
2																											
3																											
4																											
5																											
6																											
7																											
8																											
9																											
10																											
11																											
12																											
13																											
14																											
15																											
16																											
17																											
18																											
19																											
20																											
21																											
22																											
23																											
24																											
25																											
26																											
27																											
28																											
29																											
30																											
31																											
32																											
33																											
34																											
35																											
36																											

©Teacher Created Resources

#8316 Record Book

SUBJECT																							

SUBJECT:

TIME/PERIOD:

NAME	ASSIGNMENTS																					
	DAY	M	T	W	T	F	M	T	W	T	F	M	T	W	T	F	M	T	W	T	F	M	T	W	T	F
	DATE																									
	1																									
	2																									
	3																									
	...																									
	36																									

Column headers across top: WEEK, WEEK, WEEK, WEEK, WEEK

#8316 Record Book

WEEK					WEEK					WEEK					WEEK					WEEK						DAYS PRESENT	DAYS ABSENT	TARDIES			
M	T	W	T	F	M	T	W	T	F	M	T	W	T	F	M	T	W	T	F	M	T	W	T	F							
																									1						
																									2						
																									3						
																									4						
																									5						
																									6						
																									7						
																									8						
																									9						
																									10						
																									11						
																									12						
																									13						
																									14						
																									15						
																									16						
																									17						
																									18						
																									19						
																									20						
																									21						
																									22						
																									23						
																									24						
																									25						
																									26						
																									27						
																									28						
																									29						
																									30						
																									31						
																									32						
																									33						
																									34						
																									35						
																									36						

©Teacher Created Resources #8316 Record Book

SUBJECT

TIME/PERIOD

ASSIGNMENTS

NAME	DATE	WEEK M T W T F	WEEK M T W T F	WEEK M T W T F	WEEK M T W T F	WEEK M T W T F
	1					
	2					
	3					
	4					
	5					
	6					
	7					
	8					
	9					
	10					
	11					
	12					
	13					
	14					
	15					
	16					
	17					
	18					
	19					
	20					
	21					
	22					
	23					
	24					
	25					
	26					
	27					
	28					
	29					
	30					
	31					
	32					
	33					
	34					
	35					
	36					

#8316 Record Book

©Teacher Created Resources

WEEK					WEEK					WEEK					WEEK					WEEK					DAYS PRESENT	DAYS ABSENT	TARDIES		
M	T	W	T	F	M	T	W	T	F	M	T	W	T	F	M	T	W	T	F	M	T	W	T	F					
																									1				
																									2				
																									3				
																									4				
																									5				
																									6				
																									7				
																									8				
																									9				
																									10				
																									11				
																									12				
																									13				
																									14				
																									15				
																									16				
																									17				
																									18				
																									19				
																									20				
																									21				
																									22				
																									23				
																									24				
																									25				
																									26				
																									27				
																									28				
																									29				
																									30				
																									31				
																									32				
																									33				
																									34				
																									35				
																									36				

©Teacher Created Resources

SUBJECT		WEEK				WEEK				WEEK				WEEK				WEEK			
TIME/PERIOD	ASSIGNMENTS																				
	DAY	M	T	W	T	F	M	T	W	T	F	M	T	W	T	F	M	T	W	T	F
NAME	DATE																				
	1																				
	2																				
	3																				
	4																				
	5																				
	6																				
	7																				
	8																				
	9																				
	10																				
	11																				
	12																				
	13																				
	14																				
	15																				
	16																				
	17																				
	18																				
	19																				
	20																				
	21																				
	22																				
	23																				
	24																				
	25																				
	26																				
	27																				
	28																				
	29																				
	30																				
	31																				
	32																				
	33																				
	34																				
	35																				
	36																				

#8316 Record Book

©Teacher Created Resources

WEEK					WEEK					WEEK					WEEK					WEEK						DAYS PRESENT	DAYS ABSENT	TARDIES		
M	T	W	T	F	M	T	W	T	F	M	T	W	T	F	M	T	W	T	F	M	T	W	T	F						
																									1					
																									2					
																									3					
																									4					
																									5					
																									6					
																									7					
																									8					
																									9					
																									10					
																									11					
																									12					
																									13					
																									14					
																									15					
																									16					
																									17					
																									18					
																									19					
																									20					
																									21					
																									22					
																									23					
																									24					
																									25					
																									26					
																									27					
																									28					
																									29					
																									30					
																									31					
																									32					
																									33					
																									34					
																									35					
																									36					

©Teacher Created Resources

SUBJECT																										
TIME/PERIOD	ASSIGNMENTS	WEEK					WEEK					WEEK					WEEK					WEEK				
	DAY	M	T	W	T	F	M	T	W	T	F	M	T	W	T	F	M	T	W	T	F	M	T	W	T	F
NAME	DATE																									
	1																									
	2																									
	3																									
	4																									
	5																									
	6																									
	7																									
	8																									
	9																									
	10																									
	11																									
	12																									
	13																									
	14																									
	15																									
	16																									
	17																									
	18																									
	19																									
	20																									
	21																									
	22																									
	23																									
	24																									
	25																									
	26																									
	27																									
	28																									
	29																									
	30																									
	31																									
	32																									
	33																									
	34																									
	35																									
	36																									

#8316 Record Book ©Teacher Created Resources

WEEK					WEEK					WEEK					WEEK					WEEK						DAYS PRESENT	DAYS ABSENT	TARDIES	
M	T	W	T	F	M	T	W	T	F	M	T	W	T	F	M	T	W	T	F	M	T	W	T	F					
																									1				
																									2				
																									3				
																									4				
																									5				
																									6				
																									7				
																									8				
																									9				
																									10				
																									11				
																									12				
																									13				
																									14				
																									15				
																									16				
																									17				
																									18				
																									19				
																									20				
																									21				
																									22				
																									23				
																									24				
																									25				
																									26				
																									27				
																									28				
																									29				
																									30				
																									31				
																									32				
																									33				
																									34				
																									35				
WEEK					WEEK					WEEK					WEEK					WEEK					36				

©Teacher Created Resources   #8316 Record Book

SUBJECT																										
TIME/PERIOD	ASSIGNMENTS	WEEK					WEEK					WEEK					WEEK					WEEK				
NAME	DAY DATE	M	T	W	T	F	M	T	W	T	F	M	T	W	T	F	M	T	W	T	F	M	T	W	T	F
	1																									
	2																									
	3																									
	4																									
	5																									
	6																									
	7																									
	8																									
	9																									
	10																									
	11																									
	12																									
	13																									
	14																									
	15																									
	16																									
	17																									
	18																									
	19																									
	20																									
	21																									
	22																									
	23																									
	24																									
	25																									
	26																									
	27																									
	28																									
	29																									
	30																									
	31																									
	32																									
	33																									
	34																									
	35																									
	36																									

#8316 Record Book ©Teacher Created Resources

WEEK					WEEK					WEEK					WEEK					WEEK						DAYS PRESENT	DAYS ABSENT	TARDIES		
M	T	W	T	F	M	T	W	T	F	M	T	W	T	F	M	T	W	T	F	M	T	W	T	F						
																									1					
																									2					
																									3					
																									4					
																									5					
																									6					
																									7					
																									8					
																									9					
																									10					
																									11					
																									12					
																									13					
																									14					
																									15					
																									16					
																									17					
																									18					
																									19					
																									20					
																									21					
																									22					
																									23					
																									24					
																									25					
																									26					
																									27					
																									28					
																									29					
																									30					
																									31					
																									32					
																									33					
																									34					
																									35					
																									36					

©Teacher Created Resources   #8316 Record Book

SUBJECT

TIME/PERIOD

ASSIGNMENTS

NAME	DATE	WEEK					WEEK					WEEK					WEEK					WEEK				
	DAY	M	T	W	T	F	M	T	W	T	F	M	T	W	T	F	M	T	W	T	F	M	T	W	T	F
	1																									
	2																									
	3																									
	4																									
	5																									
	6																									
	7																									
	8																									
	9																									
	10																									
	11																									
	12																									
	13																									
	14																									
	15																									
	16																									
	17																									
	18																									
	19																									
	20																									
	21																									
	22																									
	23																									
	24																									
	25																									
	26																									
	27																									
	28																									
	29																									
	30																									
	31																									
	32																									
	33																									
	34																									
	35																									
	36																									

#8316 Record Book ©Teacher Created Resources

WEEK					WEEK					WEEK					WEEK					WEEK						DAYS PRESENT	DAYS ABSENT	TARDIES
M	T	W	T	F	M	T	W	T	F	M	T	W	T	F	M	T	W	T	F	M	T	W	T	F	1			
																									2			
																									3			
																									4			
																									5			
																									6			
																									7			
																									8			
																									9			
																									10			
																									11			
																									12			
																									13			
																									14			
																									15			
																									16			
																									17			
																									18			
																									19			
																									20			
																									21			
																									22			
																									23			
																									24			
																									25			
																									26			
																									27			
																									28			
																									29			
																									30			
																									31			
																									32			
																									33			
																									34			
																									35			
																									36			

SUBJECT			WEEK					WEEK					WEEK					WEEK					WEEK				
TIME/PERIOD		ASSIGNMENTS																									
	DAY		M	T	W	T	F	M	T	W	T	F	M	T	W	T	F	M	T	W	T	F	M	T	W	T	F
NAME	DATE																											
	1																											
	2																											
	3																											
	4																											
	5																											
	6																											
	7																											
	8																											
	9																											
	10																											
	11																											
	12																											
	13																											
	14																											
	15																											
	16																											
	17																											
	18																											
	19																											
	20																											
	21																											
	22																											
	23																											
	24																											
	25																											
	26																											
	27																											
	28																											
	29																											
	30																											
	31																											
	32																											
	33																											
	34																											
	35																											
	36																											

WEEK					WEEK					WEEK					WEEK					WEEK						DAYS PRESENT	DAYS ABSENT	TARDIES		
M	T	W	T	F	M	T	W	T	F	M	T	W	T	F	M	T	W	T	F	M	T	W	T	F						
																									1					
																									2					
																									3					
																									4					
																									5					
																									6					
																									7					
																									8					
																									9					
																									10					
																									11					
																									12					
																									13					
																									14					
																									15					
																									16					
																									17					
																									18					
																									19					
																									20					
																									21					
																									22					
																									23					
																									24					
																									25					
																									26					
																									27					
																									28					
																									29					
																									30					
																									31					
																									32					
																									33					
																									34					
																									35					
																									36					

©Teacher Created Resources

SUBJECT		ASSIGNMENTS	WEEK					WEEK					WEEK					WEEK					WEEK				
TIME/PERIOD																											
NAME	DAY DATE		M	T	W	T	F	M	T	W	T	F	M	T	W	T	F	M	T	W	T	F	M	T	W	T	F
	1																											
	2																											
	3																											
	4																											
	5																											
	6																											
	7																											
	8																											
	9																											
	10																											
	11																											
	12																											
	13																											
	14																											
	15																											
	16																											
	17																											
	18																											
	19																											
	20																											
	21																											
	22																											
	23																											
	24																											
	25																											
	26																											
	27																											
	28																											
	29																											
	30																											
	31																											
	32																											
	33																											
	34																											
	35																											
	36																											

WEEK					WEEK					WEEK					WEEK					WEEK						DAYS PRESENT	DAYS ABSENT	TARDIES		
M	T	W	T	F	M	T	W	T	F	M	T	W	T	F	M	T	W	T	F	M	T	W	T	F						
																									1					
																									2					
																									3					
																									4					
																									5					
																									6					
																									7					
																									8					
																									9					
																									10					
																									11					
																									12					
																									13					
																									14					
																									15					
																									16					
																									17					
																									18					
																									19					
																									20					
																									21					
																									22					
																									23					
																									24					
																									25					
																									26					
																									27					
																									28					
																									29					
																									30					
																									31					
																									32					
																									33					
																									34					
																									35					
																									36					

©Teacher Created Resources

SUBJECT

TIME/PERIOD

NAME	DATE	WEEK					WEEK				WEEK				WEEK				WEEK			
	DAY	M	T	W	T	F	M	T	W	T	F	M	T	W	T	F	M	T	W	T	F
	1																				
	2																				
	3																				
	4																				
	5																				
	6																				
	7																				
	8																				
	9																				
	10																				
	11																				
	12																				
	13																				
	14																				
	15																				
	16																				
	17																				
	18																				
	19																				
	20																				
	21																				
	22																				
	23																				
	24																				
	25																				
	26																				
	27																				
	28																				
	29																				
	30																				
	31																				
	32																				
	33																				
	34																				
	35																				
	36																				

ASSIGNMENTS

#8316 Record Book ©Teacher Created Resources

WEEK					WEEK					WEEK					WEEK					WEEK						DAYS PRESENT	DAYS ABSENT	TARDIES
M	T	W	T	F	M	T	W	T	F	M	T	W	T	F	M	T	W	T	F	M	T	W	T	F				
																									1			
																									2			
																									3			
																									4			
																									5			
																									6			
																									7			
																									8			
																									9			
																									10			
																									11			
																									12			
																									13			
																									14			
																									15			
																									16			
																									17			
																									18			
																									19			
																									20			
																									21			
																									22			
																									23			
																									24			
																									25			
																									26			
																									27			
																									28			
																									29			
																									30			
																									31			
																									32			
																									33			
																									34			
																									35			
																									36			

©Teacher Created Resources #8316 Record Book

SUBJECT / TIME/PERIOD	ASSIGNMENTS	WEEK					WEEK					WEEK					WEEK					WEEK				
	DAY	M	T	W	T	F	M	T	W	T	F	M	T	W	T	F	M	T	W	T	F	M	T	W	T	F
NAME	DATE																									
	1																									
	2																									
	3																									
	4																									
	5																									
	6																									
	7																									
	8																									
	9																									
	10																									
	11																									
	12																									
	13																									
	14																									
	15																									
	16																									
	17																									
	18																									
	19																									
	20																									
	21																									
	22																									
	23																									
	24																									
	25																									
	26																									
	27																									
	28																									
	29																									
	30																									
	31																									
	32																									
	33																									
	34																									
	35																									
	36																									

#8316 Record Book ©Teacher Created Resources

WEEK					WEEK					WEEK					WEEK					WEEK						DAYS PRESENT	DAYS ABSENT	TARDIES		
M	T	W	T	F	M	T	W	T	F	M	T	W	T	F	M	T	W	T	F	M	T	W	T	F						
																									1					
																									2					
																									3					
																									4					
																									5					
																									6					
																									7					
																									8					
																									9					
																									10					
																									11					
																									12					
																									13					
																									14					
																									15					
																									16					
																									17					
																									18					
																									19					
																									20					
																									21					
																									22					
																									23					
																									24					
																									25					
																									26					
																									27					
																									28					
																									29					
																									30					
																									31					
																									32					
																									33					
																									34					
																									35					
																									36					

©Teacher Created Resources

SUBJECT		WEEK					WEEK					WEEK					WEEK					WEEK				
TIME/PERIOD	ASSIGNMENTS																									
NAME	DAY DATE	M	T	W	T	F	M	T	W	T	F	M	T	W	T	F	M	T	W	T	F	M	T	W	T	F
	1																									
	2																									
	3																									
	4																									
	5																									
	6																									
	7																									
	8																									
	9																									
	10																									
	11																									
	12																									
	13																									
	14																									
	15																									
	16																									
	17																									
	18																									
	19																									
	20																									
	21																									
	22																									
	23																									
	24																									
	25																									
	26																									
	27																									
	28																									
	29																									
	30																									
	31																									
	32																									
	33																									
	34																									
	35																									
	36																									

#8316 Record Book ©Teacher Created Resources

WEEK					WEEK					WEEK					WEEK					WEEK					DAYS PRESENT	DAYS ABSENT	TARDIES		
M	T	W	T	F	M	T	W	T	F	M	T	W	T	F	M	T	W	T	F	M	T	W	T	F					
																									1				
																									2				
																									3				
																									4				
																									5				
																									6				
																									7				
																									8				
																									9				
																									10				
																									11				
																									12				
																									13				
																									14				
																									15				
																									16				
																									17				
																									18				
																									19				
																									20				
																									21				
																									22				
																									23				
																									24				
																									25				
																									26				
																									27				
																									28				
																									29				
																									30				
																									31				
																									32				
																									33				
																									34				
																									35				
																									36				

©Teacher Created Resources   #8316 Record Book

SUBJECT		ASSIGNMENTS	WEEK					WEEK					WEEK					WEEK					WEEK				
TIME/PERIOD																											
NAME	DAY		M	T	W	T	F	M	T	W	T	F	M	T	W	T	F	M	T	W	T	F	M	T	W	T	F
	DATE																											
	1																											
	2																											
	3																											
	4																											
	5																											
	6																											
	7																											
	8																											
	9																											
	10																											
	11																											
	12																											
	13																											
	14																											
	15																											
	16																											
	17																											
	18																											
	19																											
	20																											
	21																											
	22																											
	23																											
	24																											
	25																											
	26																											
	27																											
	28																											
	29																											
	30																											
	31																											
	32																											
	33																											
	34																											
	35																											
	36																											

#8316 Record Book

©Teacher Created Resources

WEEK					WEEK					WEEK					WEEK					WEEK						DAYS PRESENT	DAYS ABSENT	TARDIES		
M	T	W	T	F	M	T	W	T	F	M	T	W	T	F	M	T	W	T	F	M	T	W	T	F						
																									1					
																									2					
																									3					
																									4					
																									5					
																									6					
																									7					
																									8					
																									9					
																									10					
																									11					
																									12					
																									13					
																									14					
																									15					
																									16					
																									17					
																									18					
																									19					
																									20					
																									21					
																									22					
																									23					
																									24					
																									25					
																									26					
																									27					
																									28					
																									29					
																									30					
																									31					
																									32					
																									33					
																									34					
																									35					
																									36					

©Teacher Created Resources   #8316 Record Book

SUBJECT	ASSIGNMENTS	WEEK					WEEK					WEEK					WEEK					WEEK				
TIME/PERIOD																										
NAME / DAY DATE		M	T	W	T	F	M	T	W	T	F	M	T	W	T	F	M	T	W	T	F	M	T	W	T	F
	1																									
	2																									
	3																									
	4																									
	5																									
	6																									
	7																									
	8																									
	9																									
	10																									
	11																									
	12																									
	13																									
	14																									
	15																									
	16																									
	17																									
	18																									
	19																									
	20																									
	21																									
	22																									
	23																									
	24																									
	25																									
	26																									
	27																									
	28																									
	29																									
	30																									
	31																									
	32																									
	33																									
	34																									
	35																									
	36																									

WEEK					WEEK					WEEK					WEEK					WEEK						DAYS PRESENT	DAYS ABSENT	TARDIES		
M	T	W	T	F	M	T	W	T	F	M	T	W	T	F	M	T	W	T	F	M	T	W	T	F						
																									1					
																									2					
																									3					
																									4					
																									5					
																									6					
																									7					
																									8					
																									9					
																									10					
																									11					
																									12					
																									13					
																									14					
																									15					
																									16					
																									17					
																									18					
																									19					
																									20					
																									21					
																									22					
																									23					
																									24					
																									25					
																									26					
																									27					
																									28					
																									29					
																									30					
																									31					
																									32					
																									33					
																									34					
																									35					
																									36					

©Teacher Created Resources

SUBJECT	ASSIGNMENTS	WEEK					WEEK					WEEK					WEEK					WEEK				
TIME/PERIOD	DAY	M	T	W	T	F	M	T	W	T	F	M	T	W	T	F	M	T	W	T	F	M	T	W	T	F
NAME	DATE																									
	1																									
	2																									
	3																									
	4																									
	5																									
	6																									
	7																									
	8																									
	9																									
	10																									
	11																									
	12																									
	13																									
	14																									
	15																									
	16																									
	17																									
	18																									
	19																									
	20																									
	21																									
	22																									
	23																									
	24																									
	25																									
	26																									
	27																									
	28																									
	29																									
	30																									
	31																									
	32																									
	33																									
	34																									
	35																									
	36																									

WEEK					WEEK					WEEK					WEEK					WEEK						DAYS PRESENT	DAYS ABSENT	TARDIES		
M	T	W	T	F	M	T	W	T	F	M	T	W	T	F	M	T	W	T	F	M	T	W	T	F						
																									1					
																									2					
																									3					
																									4					
																									5					
																									6					
																									7					
																									8					
																									9					
																									10					
																									11					
																									12					
																									13					
																									14					
																									15					
																									16					
																									17					
																									18					
																									19					
																									20					
																									21					
																									22					
																									23					
																									24					
																									25					
																									26					
																									27					
																									28					
																									29					
																									30					
																									31					
																									32					
																									33					
																									34					
																									35					
																									36					

©Teacher Created Resources · #8316 Record Book

SUBJECT	ASSIGNMENTS	WEEK					WEEK					WEEK					WEEK					WEEK				
TIME/PERIOD	DAY	M	T	W	T	F	M	T	W	T	F	M	T	W	T	F	M	T	W	T	F	M	T	W	T	F
NAME	DATE																									
	1																									
	2																									
	3																									
	4																									
	5																									
	6																									
	7																									
	8																									
	9																									
	10																									
	11																									
	12																									
	13																									
	14																									
	15																									
	16																									
	17																									
	18																									
	19																									
	20																									
	21																									
	22																									
	23																									
	24																									
	25																									
	26																									
	27																									
	28																									
	29																									
	30																									
	31																									
	32																									
	33																									
	34																									
	35																									
	36																									

#8316 Record Book ©Teacher Created Resources

WEEK					WEEK					WEEK					WEEK					WEEK						DAYS PRESENT	DAYS ABSENT	TARDIES		
M	T	W	T	F	M	T	W	T	F	M	T	W	T	F	M	T	W	T	F	M	T	W	T	F	1					
																									2					
																									3					
																									4					
																									5					
																									6					
																									7					
																									8					
																									9					
																									10					
																									11					
																									12					
																									13					
																									14					
																									15					
																									16					
																									17					
																									18					
																									19					
																									20					
																									21					
																									22					
																									23					
																									24					
																									25					
																									26					
																									27					
																									28					
																									29					
																									30					
																									31					
																									32					
																									33					
																									34					
																									35					
																									36					

©Teacher Created Resources   #8316 Record Book

SUBJECT																										
TIME/PERIOD	ASSIGNMENTS	WEEK				WEEK				WEEK				WEEK				WEEK								

NAME	DATE	M	T	W	T	F	M	T	W	T	F	M	T	W	T	F	M	T	W	T	F	M	T	W	T	F
	1																									
	2																									
	3																									
	4																									
	5																									
	6																									
	7																									
	8																									
	9																									
	10																									
	11																									
	12																									
	13																									
	14																									
	15																									
	16																									
	17																									
	18																									
	19																									
	20																									
	21																									
	22																									
	23																									
	24																									
	25																									
	26																									
	27																									
	28																									
	29																									
	30																									
	31																									
	32																									
	33																									
	34																									
	35																									
	36																									

#8316 Record Book ©Teacher Created Resources

WEEK					WEEK					WEEK					WEEK					WEEK						DAYS PRESENT	DAYS ABSENT	TARDIES		
M	T	W	T	F	M	T	W	T	F	M	T	W	T	F	M	T	W	T	F	M	T	W	T	F	1					
																									2					
																									3					
																									4					
																									5					
																									6					
																									7					
																									8					
																									9					
																									10					
																									11					
																									12					
																									13					
																									14					
																									15					
																									16					
																									17					
																									18					
																									19					
																									20					
																									21					
																									22					
																									23					
																									24					
																									25					
																									26					
																									27					
																									28					
																									29					
																									30					
																									31					
																									32					
																									33					
																									34					
																									35					
																									36					

©Teacher Created Resources   #8316 Record Book

SUBJECT		WEEK					WEEK					WEEK					WEEK					WEEK				
TIME/PERIOD	ASSIGNMENTS																									
	DAY	M	T	W	T	F	M	T	W	T	F	M	T	W	T	F	M	T	W	T	F	M	T	W	T	F
NAME	DATE																									
	1																									
	2																									
	3																									
	4																									
	5																									
	6																									
	7																									
	8																									
	9																									
	10																									
	11																									
	12																									
	13																									
	14																									
	15																									
	16																									
	17																									
	18																									
	19																									
	20																									
	21																									
	22																									
	23																									
	24																									
	25																									
	26																									
	27																									
	28																									
	29																									
	30																									
	31																									
	32																									
	33																									
	34																									
	35																									
	36																									

#8316 Record Book

©Teacher Created Resources

WEEK					WEEK					WEEK					WEEK					WEEK						DAYS PRESENT	DAYS ABSENT	TARDIES		
M	T	W	T	F	M	T	W	T	F	M	T	W	T	F	M	T	W	T	F	M	T	W	T	F						
																									1					
																									2					
																									3					
																									4					
																									5					
																									6					
																									7					
																									8					
																									9					
																									10					
																									11					
																									12					
																									13					
																									14					
																									15					
																									16					
																									17					
																									18					
																									19					
																									20					
																									21					
																									22					
																									23					
																									24					
																									25					
																									26					
																									27					
																									28					
																									29					
																									30					
																									31					
																									32					
																									33					
																									34					
																									35					
																									36					

©Teacher Created Resources

SUBJECT					
TIME/PERIOD					

		WEEK	WEEK	WEEK	WEEK	WEEK
	ASSIGNMENTS					

NAME	DAY	M T W T F	M T W T F	M T W T F	M T W T F	M T W T F
	DATE					
	1					
	2					
	3					
	4					
	5					
	6					
	7					
	8					
	9					
	10					
	11					
	12					
	13					
	14					
	15					
	16					
	17					
	18					
	19					
	20					
	21					
	22					
	23					
	24					
	25					
	26					
	27					
	28					
	29					
	30					
	31					
	32					
	33					
	34					
	35					
	36					

WEEK					WEEK					WEEK					WEEK					WEEK						DAYS PRESENT	DAYS ABSENT	TARDIES			
M	T	W	T	F	M	T	W	T	F	M	T	W	T	F	M	T	W	T	F	M	T	W	T	F							
																									1						
																									2						
																									3						
																									4						
																									5						
																									6						
																									7						
																									8						
																									9						
																									10						
																									11						
																									12						
																									13						
																									14						
																									15						
																									16						
																									17						
																									18						
																									19						
																									20						
																									21						
																									22						
																									23						
																									24						
																									25						
																									26						
																									27						
																									28						
																									29						
																									30						
																									31						
																									32						
																									33						
																									34						
																									35						
																									36						

©Teacher Created Resources   #8316 Record Book

GRADING CHART

Total Number of Items	1	2	3	4	5	6	7	8	9	10	11	12	13	14	15	16	17	18	19	20	21	22	23	24	25	26	27	28	29	30
50	98	96	94	92	90	88	86	84	82	80	78	76	74	72	70	68	66	64	62	60	58	56	54	52	50	48	46	44	42	40
49	98	96	94	92	90	88	86	84	82	80	78	76	73	71	69	67	65	63	61	59	57	55	53	51	49	47	45	43	41	39
48	98	96	94	92	90	88	85	83	81	79	77	75	73	71	69	67	65	63	60	58	56	54	52	50	48	46	44	42	40	38
47	98	96	94	91	89	87	85	83	81	79	77	74	72	70	68	66	64	62	60	57	55	53	51	49	47	45	43	40	38	36
46	98	96	93	91	89	87	85	83	80	78	76	74	72	70	67	65	63	61	59	57	54	52	50	48	46	43	41	39	37	35
45	98	95	93	91	89	87	84	82	80	78	76	73	71	69	67	64	62	60	58	56	53	51	49	47	44	42	40	38	36	33
44	98	95	93	91	89	86	84	82	80	77	75	73	70	68	66	64	61	59	57	55	52	50	48	45	43	41	39	36	34	32
43	98	95	93	91	88	86	84	81	79	77	74	72	70	67	65	63	60	58	56	53	51	49	47	44	42	40	37	35	33	30
42	98	95	93	90	88	86	83	81	79	76	74	71	69	67	64	62	60	57	55	52	50	48	45	43	40	38	36	33	31	29
41	98	95	93	90	88	85	83	80	78	75	73	71	68	66	63	61	59	56	54	51	49	46	44	41	39	37	34	32	29	27
40	98	95	93	90	88	85	83	80	78	75	73	70	68	65	63	60	58	55	53	50	48	45	43	40	38	35	33	30	28	25
39	97	95	92	90	87	85	82	79	77	74	72	69	67	64	62	59	56	54	51	49	46	44	41	38	36	33	31	28	26	23
38	97	95	92	89	87	84	82	79	76	74	71	68	66	63	61	58	55	53	50	47	45	42	39	37	34	32	29	26	24	21
37	97	95	92	89	86	84	81	78	76	73	70	68	65	62	59	57	54	51	49	46	43	41	38	35	32	30	27	24	22	19
36	97	94	92	89	86	83	81	78	75	72	69	67	64	61	58	56	53	50	47	44	42	39	36	33	31	28	25	22	19	17
35	97	94	91	89	86	83	80	77	74	71	69	66	63	60	57	54	51	49	46	43	40	37	34	31	29	26	23	20	17	14
34	97	94	91	88	85	82	79	76	74	71	68	65	62	59	56	53	50	47	44	41	38	35	32	39	26	24	21	18	15	12
33	97	94	91	88	85	82	79	76	73	70	67	64	61	58	55	52	48	45	42	39	36	33	30	27	24	21	18	15	12	9
32	97	94	91	88	84	81	78	75	72	69	66	63	59	56	53	50	47	44	41	38	34	31	28	25	22	19	16	13	9	6
31	97	94	90	87	84	81	77	74	71	68	65	61	58	55	52	48	45	42	39	35	32	29	26	23	19	16	13	10	6	3
30	97	93	90	87	83	80	77	73	70	67	63	60	57	53	50	47	43	40	37	33	30	27	23	20	17	13	10	7	3	
29	97	93	90	86	83	79	76	72	69	66	62	59	55	52	48	45	41	38	34	31	28	24	21	17	14	10	7	3		
28	96	93	89	86	82	79	75	71	68	64	61	57	54	50	46	43	39	36	32	29	25	21	18	14	11	7	4			
27	96	93	89	85	81	78	74	70	67	63	59	56	52	48	44	41	37	33	30	26	22	19	15	11	7	4				
26	96	92	88	85	81	77	73	69	65	62	58	54	50	46	42	38	35	31	27	23	19	15	12	8	4					
25	96	92	88	84	80	76	72	68	64	60	56	52	48	44	40	36	32	28	24	20	16	12	8	4						
24	96	92	88	83	79	75	71	67	63	58	54	50	46	42	38	33	29	25	21	17	13	8	4							
23	96	91	87	83	78	74	70	65	61	57	52	48	43	39	35	30	26	22	17	13	9	4								
22	95	91	86	82	77	73	68	64	59	55	50	45	41	36	32	27	23	18	14	9	5									
21	95	90	86	81	76	71	67	62	57	52	48	43	38	33	29	24	19	14	10	5										
20	95	90	85	80	75	70	65	60	55	50	45	40	35	30	25	20	15	10	5											
19	95	89	84	79	74	68	63	58	53	47	42	37	32	26	21	16	11	5												
18	94	89	83	78	72	67	61	56	50	44	39	33	28	22	17	11	6													
17	94	88	82	76	71	65	59	53	47	41	35	29	24	19	12	6														
16	94	88	81	75	69	63	56	50	44	38	31	25	19	13	6															
15	93	87	80	73	67	60	53	47	40	33	27	20	13	7																
14	93	86	79	71	64	57	50	43	36	29	21	14	7																	
13	92	85	77	69	62	54	46	38	31	23	15	8																		
12	92	83	75	67	58	50	42	33	25	17	8																			
11	91	82	73	64	55	45	36	27	18	9																				
10	90	80	70	60	50	40	30	20	10																					
9	89	78	67	56	44	36	22	11																						
8	88	75	63	50	38	25	13																							
7	86	71	57	43	29	14																								
6	83	67	50	33	17																									
5	80	60	40	20																										
4	75	50	25																											
3	67	33																												

Number of Incorrect Items